CHARLOTTES WELT

Goethe & Co. für Kinder

Ausgewählt von Britta Leberl
Illustriert von Andrea Rexhausen

CANARY-HOUSE

Erste Auflage 2001
ISBN 3-00-008513-0

Canary House Publishing, Karlheinz Jungbeck, Schliersee

Umschlag- und Seitengestaltung: Andrea Rexhausen, Schliersee
Druck: Aiblinger Druckteam, Bad Aibling
Bindung: Schöttl GmbH, Dettendorf
Printed in Germany

Gesetzt nach den Regeln der neuen Rechtschreibung

CANARY-HOUSE

Britta Leberl, 1961 in Köln geboren, absolvierte eine Ausbildung zur Buchhändlerin und leitete dann eine Kinderbuchabteilung. Später wechselte Sie das Medium und ließ sich zur TV-Producerin ausbilden.
Bis zur Geburt ihrer Tochter Lara war sie als Marketingleiterin für das Erscheinungsbild eines TV-Senders verantwortlich. Heute lebt Britta Leberl mit ihrem Ehemann und ihrer Tochter am Schliersee und widmet sich wieder ihrer alten Leidenschaft, dem Kinderbuch.

Andrea Rexhausen, 1963 in München geboren, studierte an der Fachhochschule in Trier Visuelle Kommunikation. Nach Abschluss des Studiums blieb sie zunächst als wissenschaftliche Assistentin an der Hochschule ehe sie zu einer großen Münchner Werbeagentur als Art Director wechselte. Seit der Geburt ihrer Tochter Amanda lebt sie mit ihrem Mann, einem Geigenbauer, und ihrem Sohn Tamino am Schliersee, wo sie als freie Grafikerin und Illustratorin arbeitet.

Für Amanda, Tamino und Lara

INHALT

VON GLÜCKSBLUMEN, AMEISENHAUFEN
UND ANDEREN WERTEN

Es war ein heißer Sommertag im Juli letzten Jahres. Wir waren unterwegs mit unseren Kindern. Zu den Wasserfällen und dann hinauf auf das Hochplateau, wo der Hachelbach langsamer wird, sich sammelt, eine flache Gumpe bildet, um dann tosend als Wasserfall ins Josephstal zu stürzen. Im Kiesbett wollten wir Kanäle bauen und Staudämme aus Ästen und Steinen.

Den Weg hinauf nannten wir »Abenteuerweg« und während wir wanderten, erzählten wir uns die Märchen von »Hänsel und Gretel« und vom »Schneewittchen« und wie es durch den dunklen Wald zu den sieben Zwergen flüchtet vor der bösen Königin.

Es war eine jener Wanderungen wie aus dem Bilderbuch, die trotzdem manchmal statt auf dem Gipfel, schon am ersten Ameisenhaufen enden. Denn der Reiz eines solchen Weges besteht ja nicht im Ziel, sondern in den Kleinigkeiten, die sich am Rande des ausgetretenen Pfades finden. Diesmal war es kein Ameisenhügel, sondern eine

Blume, die blaulila im Sonnenlicht leuchtete. Die Kinder erkoren sie zu ihrer Glücksblume und wollten sie ausreißen. Jeder sollte sie einmal in die Hand nehmen. Bis zur Gumpe sollte sie getragen werden. Und dann?

Vielleicht hätte sie die Chance bekommen, wie ein japanisches Glücksboot den Bach hinunter zu schwimmen und schließlich den Wasserfall herab zu gleiten. Vielleicht wäre sie aber schon an der nächsten Biegung des Weges achtlos beiseite geworfen worden – weil ein Ameisenhaufen dann doch die größere Attraktion bietet.

Schon oft haben wir unseren Kindern erklärt, dass eine Blume auf der Wiese viel schöner ist als in der Vase. Schon oft haben wir nach Worten gesucht, wie wir diesen Wert vermitteln können. Und nicht nur diesen. Es geht ja nicht nur um die Erhaltung und den Schutz unserer Natur, es geht um Werte wie Liebe, Freundschaft, Toleranz und Menschenwürde, die vermittelt werden sollten, und die wir gerne weitergeben möchten.

Und dann erinnerten wir uns an eine Zeile aus einem Gedicht von Goethe: »… soll ich zum Welken gebrochen sein?«. Wir wussten es war von Goethe. Doch wie hieß das Gedicht? Und gibt es nicht etwas Vergleichbares für all die anderen Werte, die ihren Bestand und ihre Gültigkeit seit hunderten von Jahren unter Beweis gestellt haben? Können wir nicht bei den Klassikern aus einem beinahe unüberschaubaren Fundus von Texten schöpfen, die vorbildhaft formuliert sind und nur noch auf den zeitgemäßen Zugang warten.

Wir wollten diese Texte finden und eine Auswahl zusammenstellen. Nicht beschränkt auf einen Autor und übergreifend über alle Genres. Und wir wollten Illustrationen, die den heutigen Wahrnehmungsgewohnheiten unserer Kinder, die natürlich auch von Fernsehen und Comics geprägt sind, entsprechen.

Als ehemalige Buchhändlerin und als Graphikerin fühlten wir uns aufgefordert, das zu realisieren.

Deshalb haben wir Charlotte erfunden, ein Mädchen, das die Blume rettet und glücklich ist. Ein Mädchen, das auch einmal neben sich treten kann, um zu beobachten, was in ihrer eigenen Welt geschieht. Und ein Mädchen, das den Lesern hilft, Zugang zu Inhalten zu finden und zu Texten, die sonst in den Regalen stehen und verstauben.

Charlottes Welt – das ist das Beste aus der Feder der Klassiker. Zum Lesen, zum Anschauen, zum Vorlesen und zum Nochmal-Lesen. Es wäre schön, wenn für Charlottes Welt gelten würde, was Egon Monk über die Märchenwelt von Hans Christian Andersen geschrieben hat: »Andersens Welt ist lebenslänglich und für alle Lebensalter geöffnet.«

Britta Leberl
Andrea Rexhausen

GEFUNDEN

Ich ging im Walde
So für mich hin,
Und nichts zu suchen
Das war mein Sinn.

Im Schatten sah' ich
Ein Blümchen stehn,
Wie Sterne leuchtend,
Wie Äuglein schön.

Ich wollt' es brechen;
Da sagt' es fein:
Soll ich zum Welken
Gebrochen sein?

Ich grub's mit allen
Den Würzlein aus,
Zum Garten trug ich's
Am hübschen Haus.

Und pflanzt es wieder
Am stillen Ort;
Nun zweigt es immer
Und blüht so fort.

Johann Wolfgang von Goethe

AUF EINER BURG

Eingeschlafen auf der Lauer
Oben ist der alte Ritter;
Drüber gehen Regenschauer,
Und der Wald rauscht durch die Gitter.

Eingewachsen Bart und Haare,
Und versteinert Brust und Krause,
Sitzt er viele hundert Jahre
Oben in der stillen Klause.

Draußen ist es still und friedlich,
Alle sind ins Tal gezogen,
Waldesvögel einsam singen
In den leeren Fensterbogen.

Eine Hochzeit fährt da unten
Auf dem Rhein im Sonnenscheine,
Musikanten spielen munter,
Und die schöne Braut die weinet.

Joseph von Eichendorff

DER RANGSTREIT DER TIERE

1 Es entstand ein hitziger Rangstreit unter den Tieren.

Ihn zu schlichten, sprach das Pferd, lasset uns den Menschen zu Rate ziehen; er ist keiner von den streitenden Teilen, und er kann desto unparteiischer sein.

Aber hat er auch den Verstand dazu? ließ sich ein Maulwurf hören. Er braucht wirklich den allerfeinsten, unsere oft sehr tief versteckte Vollkommenheit zu erkennen.

Das war sehr weislich erinnert! sprach der Hamster.

Jawohl! rief auch der Igel. Ich glaube es nimmermehr, dass der Mensch Scharfsichtigkeit genug besitzt.

Schweigt ihr! befahl das Pferd. Wir wissen es schon: Wer sich auf die Güte seiner Sache am wenigsten zu verlassen hat, ist immer am fertigsten, die Einsicht seines Richters in Zweifel zu ziehen.

14

2 Der Mensch wurde Richter. - Noch ein Wort, rief ihm der majestätische Löwe zu, bevor du den Ausspruch tust!
Nach welcher Regel, Mensch, willst du unseren Wert bestimmen?
Nach welcher Regel? Nach dem Grade, ohne Zweifel, antwortete der Mensch, in welchem ihr mir mehr oder weniger nützlich seid. –
Vortrefflich! versetzte der beleidigte Löwe. Wie weit würde ich alsdann unter dem Esel zu stehen kommen! Damit kannst unser Richter nicht sein, Mensch! Verlass die Versammlung!

3 Der Mensch entfernte sich. – Nun, sprach der höhnische Maulwurf, - (und ihm stimmte der Hamster und der Igel wieder bei) – siehst du, Pferd? der Löwe meint auch, dass der Mensch unser Richter nicht sein kann. Der Löwe denkt wie wir.
Aber aus besseren Gründen als ihr! sagte der Löwe, und warf ihnen einen verächtlichen Blick zu.

4 Der Löwe fuhr weiter fort: Der Rangstreit, wenn ich es recht überlege, ist ein nichtswürdiger Streit! Haltet mich für den Vornehmsten oder für den Geringsten; es gilt mir gleichviel. Genug, ich kenne mich! – Und so ging er aus der Versammlung. Ihm folgte der weise Elefant, der kühne Tiger, der ernsthafte Bär, der kluge Fuchs, das edle Pferd; kurz, alle, die ihren Wert fühlten oder zu fühlen glaubten.

Die sich am letzten wegbegaben, und über die zerrissene Versammlung am meisten murrten, waren – der Affe und der Esel.

DAS HÄSSLICHE JUNGE ENTLEIN

Es war so herrlich draußen auf dem Lande. Es war Sommer, das Korn stand gelb, der Hafer grün, das Heu war unten auf den grünen Wiesen zu Haufen zusammengesetzt. Dort stolzierte der Storch auf seinen langen, roten Beinen und schwatzte ägyptisch, denn diese Sprache hatte er von seiner Mutter gelernt. Rings um Äcker und Wiesen waren große Wälder, und mitten in den Wäldern tiefe Seen. Ja, es war wirklich schön dort draußen auf dem Land!

Mitten im Sonnenschein lag ein alter Herrenhof, von tiefen Kanälen umgeben; und von der Mauer bis herunter zum Wasser wuchsen große Ampferblätter, die so hoch waren, daß kleine Kinder aufrecht unter den größten von ihnen stehen konnten; es war da drinnen ebenso wild wie im tiefsten Wald. Und hier lag eine Ente auf ihrem Nest. Sie musste ihre Jungen ausbrüten; aber nun war sie es bald überdrüssig, weil es so lange dauerte und sie selten Besuch bekam.

Die anderen Enten zogen es vor, im Kanal herumzuschwimmen, statt hinaufzulaufen und unter einem Ampferblatt zu sitzen, um mit ihr zu schnattern.

Endlich platzte ein Ei nach dem anderen; »Piep! piep!« sagte es, alle Eidotter waren lebendig geworden und streckten die Köpfe heraus. »Rapp! rapp!« sagte sie; und dann rappelten sie sich alle, was sie konnten, und sahen nach allen Seiten unter den grünen Blättern; und die Mutter ließ sie ruhig schauen, denn das Grüne ist gut für die Augen.

»Wie ist die Welt doch groß!« sagten alle Jungen; denn sie hatten doch jetzt ganz anders Platz als vorher drinnen im Ei.

»Glaubt ihr, das sei die ganze Welt?« sagte die Mutter. »Die erstreckt sich weit bis auf die andere Seite des Gartens, gerade hinein in des Pfarrers Feld. Aber dort bin ich nie gewesen! - Ihr seid hier doch wohl alle beisammen?« Und dann erhob sie sich: »Nein, ich habe nicht alle; das größte Ei liegt noch da; wie lange soll das bloß dauern! Jetzt bin ich es bald überdrüssig!« Und dann setzte sie sich wieder.

»Na, wie geht es?« fragte eine alte Ente, die kam, um ihr einen Besuch zu machen. »Es dauert so lange mit dem einen Ei!« sagte die Ente auf dem Nest. »Es will nicht platzen! Aber nun sollst du die anderen sehen. Sie sind die niedlichsten Entlein, die mir je vorgekommen sind. Sie gleichen alle miteinander ihrem Vater. – Der Schuft! Er kommt mich nicht mal besuchen.«

»Lass mich das Ei sehen, das nicht platzen will!«
sagte die Alte. »Glaube mir, das ist ein Truthennenei!
So bin ich auch einmal zum Narren gehalten worden, und ich hatte meinen Kummer und meine Not
mit den Jungen, denn sie haben Angst vor dem
Wasser, will ich dir sagen! Ich rappte und schnappte,
aber es half nicht! - Lass mich das Ei sehen! Ja, es
ist ein Putenei! Lass das liegen und lehre lieber die
andern Kinder schwimmen!«
»Ich will doch noch ein Weilchen darauf sitzen
bleiben«, sagte die Ente. »Habe ich nun so lange
gesessen, so kann ich auch noch einige Tage länger
sitzen!« »Bitte schön!«, sagte die alte Ente.
Und dann ging sie.
Endlich platzte das große Ei. »Piep! piep!« sagte
das Junge und fiel heraus. Es war sehr groß und
häss-lich! Die Ente sah es an: »Das ist ja ein
schrecklich großes Entlein!« sagte sie. »Keins von
den andern sieht so aus! Es wird doch wohl kein
Putenküken sein? Nun, das werden wir bald her-
ausbekommen! Ins Wasser soll es, und wenn ich es
selbst hineinstoßen muss!«

Am nächsten Tag war gesegnet schönes Wetter. Die Sonne schien auf alle grünen Ampfern. Die Entenmutter kam mit ihrer ganzen Familie zu dem Kanal hinunter. Platsch! sprang sie ins Wasser. »Rapp! rapp!« sagte sie, und eins nach dem anderen plumpsten die Entlein hinaus. Das Wasser schlug ihnen über dem Kopf zusammen, aber sie kamen gleich wieder hoch und schwammen wunderschön. Die Beine gingen von selbst, und alle waren sie draußen, selbst das hässliche, graue Junge schwamm mit.

»Nein, es ist kein Puter«, sagte sie; »Schau, wie schön es die Beine gebraucht, wie gut es sich hält! Es ist mein eigenes Kind! Im Grunde ist es doch ganz hübsch, wenn man es richtig ansieht. Rapp, rapp! - Kommt jetzt mit mir, dann werde ich euch in die Welt einführen und euch im Entenhof vorstellen; aber haltet euch immer schön zu mir, dass niemand auf euch tritt, und nehmt euch vor den Katzen in acht!«

Und dann kamen sie in den Entenhof hinein. Dort war ein schrecklicher Lärm, denn zwei Familien balgten sich um einen Aalkopf, und schließlich bekam ihn doch die Katze.

»Seht, so geht es zu in der Welt!« sagte die Entenmutter und wetzte ihren Schnabel, denn sie hätte den Aalkopf auch gern gehabt. »Gebraucht nun eure Beine!« sagte sie. »Seht zu, dass ihr euch rappeln könnt, und neigt den Hals vor der alten Ente dort drüben, sie ist aus spanischem Geblüt, deshalb ist sie dick, und ihr seht, sie hat einen roten Lappen um das Bein. Das ist etwas außerordentlich Schönes und die größte Auszeichnung, die einer Ente zuteil werden kann. Es bedeutet, dass man sie nicht verlieren will und dass sie von Tier und Menschen erkannt werden soll! Rappelt euch! Setzt die Füße nicht einwärts; ein wohlerzogenes Entlein setzt die Füße weit auseinander, so wie Vater und Mutter. So, nun neigt euren Hals und sagt: Rapp!«

Und das taten sie; aber die anderen Enten ringsum sahen sie an und sagten ganz laut: »Sieh an, jetzt sollen wir auch noch diese ganze Sippschaft hier haben; als ob wir nicht schon so genug wären. Und pfui! Wie das eine Entlein aussieht! Das wollen wir nicht dulden!« Und gleich flog eine Ente hin und biss es in den Nacken. »Lass es in Ruhe!« sagte die Mutter. »Es tut ja niemandem etwas.« »Ja, aber es ist zu groß und eigenartig«, sagte die Ente, die biss. »Deshalb muss es gepufft werden.«

»Es sind hübsche Kinder, die sie da haben!«, sagte die alte Ente mit dem Lappen um das Bein; »Alle miteinander hübsch, bis auf das eine; das ist nicht geglückt! Ich wünschte, Sie könnten es noch einmal machen!« »Das geht nicht, Euer Gnaden!« sagte die Entenmutter. »Es ist nicht hübsch, aber es hat ein herzlich gutes Gemüt und schwimmt so schön wie all die andern auch, ja, ich darf sagen, sogar etwas besser! Ich denke, es wird sich schon herausmachen oder mit der Zeit etwas kleiner werden! Es hat zu lange im Ei gelegen, und darum hat es nicht die rechte Figur bekommen.« Und so zupfte sie das Entlein im Nacken und glättete sein Gefieder. »Es ist überdies ein Enterich«, sagte sie; »und darum ist es nicht so schlimm. Ich glaube, er wird gute Kräfte bekommen; er schlägt sich schon durch.«

»Die andern Entlein sind reizend«, sagte die Alte. »Tut nun, als wäret ihr zu Hause, und findet einen Aalkopf, dann könnt ihr ihn mir bringen!«

Und dann fühlten sie sich wie zu Hause. Aber das arme Entlein, das zuletzt aus dem Ei geschlüpft war und so hässlich aussah, wurde gebissen, gepufft und gehänselt, und das sowohl von den Enten als auch von den Hühnern. »Es ist zu groß!« sagten sie alle. Und der Truthahn, der mit Sporen geboren war und daher glaubte, dass er Kaiser sei, blies sich auf wie ein Schiff mit vollen Segeln, ging gerade auf das Entlein zu, und dann kollerte er und wurde ganz rot am Kopf. Das arme Entlein wusste weder, wo es stehen, noch wo es gehen durfte; es war so betrübt, weil es so hässlich aussah und zum Gespött des ganzen Entenhofes wurde.

So ging es am ersten Tag, und später wurde es schlimmer und schlimmer. Das arme Entlein wurde von allen gejagt; selbst seine Geschwister waren gemein zu ihm und sagten immer: »Wenn die Katze dich nur holen würde, du hässliches Ungetüm!« Und die Mutter sagte: »Wenn du nur weit fort wärst!« Und die Enten bissen das Junge, und die Hühner hackten nach ihm, und das Mädchen, das den Tieren Futter zu bringen hatte, stieß mit den Füßen nach ihm.

Da lief es fort und flog über die Hecke hinweg; die kleinen Vögel in den Büschen flogen erschrocken in die Höhe. Das ist, weil ich so hässlich bin, dachte das Entlein und schloss die Augen, lief aber trotzdem weiter.

Dann kam es hinaus in das große Moor, wo die Wildenten wohnten. Hier lag es die ganze Nacht; denn es war so müde und kummervoll.

Am Morgen flogen die Wildenten auf, und sie sahen sich den neuen Kameraden an. »Was bist du für einer?« fragten sie; und das Entlein drehte sich nach allen Seiten und grüßte, so gut es konnte.

»Du bist mehr als garstig!« sagten die Wildenten. »Aber das kann uns gleich sein, wenn du nur nicht in unsere Familie hineinheiratest!«

Das arme Entlein. Es dachte wirklich nicht daran, sich zu verheiraten, wenn es nur Erlaubnis bekam, im Schilf zu liegen und etwas Moorwasser zu trinken. Dort lag es zwei ganze Tage, dann kamen zwei Wildgänse, oder richtiger wilde Gänseriche, denn es waren zwei Männchen. Es war noch nicht lange her, seit sie aus dem Ei geschlüpft waren, und darum waren sie so draufgängerisch.

»Hör mal, Kamerad«, sagten sie; »du bist so hässlich, dass wir dich gut leiden mögen! Willst du mitziehen und Zugvogel werden? Hier ganz in der Nähe in einem anderen Moor sind einige süße, liebliche Wildgänse, alles junge Fräulein, die rapp sagen können. Du kannst dort vielleicht dein Glück machen, so hässlich du auch bist!«

»Piff! Paff!« ertönte es auf einmal über ihnen, und die beide wilden Gänseriche fielen tot ins Schilf nieder, und das Wasser färbte sich blutrot.

»Piff! Paff!« ertönte es wieder und ganze Scharen von Wildgänsen flogen aus dem Schilf auf, und dann knallte es abermals. Es war große Jagd; die Jäger lagen rings um das Moor herum; ja, einige saßen oben in den Zweigen der Bäume, die sich weit über das Schilf hinstreckten. Der blaue Rauch zog wie Wolken in die dunklen Bäume und senkte sich weithin über das Wasser.

Durch den Sumpf kamen die Jagdhunde, platsch, platsch! Schilf und Rohr schwankten nach allen Seiten. Das war ein Schreck für das arme Entlein, es drehte den Kopf, um ihn unter den Flügel zu stecken, und im selben Augenblick stand ein fürchterlich großer Hund dicht neben ihm. Die Zunge hing ihm weit aus dem Hals, und die Augen glänzten grauenhaft hässlich. Er streckte dem Entlein seinen Rachen gerade entgegen, zeigte ihm die scharfen Zähne - und platsch, ging er wieder, ohne es zu packen.

»O gottlob!« seufzte das Entlein; »Ich bin so hässlich, dass mich selbst der Hund nicht beißen mag!« Und dann lag es ganz still, während das Schrot durch das Schilf sauste und Schuss auf Schuss knallte. Erst spät am Tage wurde es ruhig; aber das arme Junge wagte sich noch nicht zu erheben. Es wartete mehrere Stunden, bevor es sich umsah, und dann eilte es fort aus dem Moor, so schnell es konnte. Es lief über Feld und Wiese; der Wind blies so heftig, dass es Mühe hatte, vorwärts zu kommen.

Gegen Abend erreichte es ein ärmliches, kleines Bauernhaus. Es war so armselig, dass es selbst nicht wusste, nach welcher Seite es fallen sollte, und so blieb es stehen. Der Wind umsauste das Entlein so stürmisch, dass es sich auf den Schwanz setzen musste, um sich gegen den Wind anzustemmen; und er blies immer schlimmer. Da bemerkte das Entlein, dass die Tür aus der einen Angel gesprungen war und so schief hing, dass es durch die Spalte in die Stube hineinschlüpfen konnte; und das tat es. Hier wohnte eine alte Frau mit ihrem Kater und ihrer Henne; und der Kater, den sie Söhnecke nannte, konnte einen Buckel machen und schnurren; er knisterte sogar, aber dann musste man ihn gegen die Haare streicheln. Die Henne hatte ganz kleine, kurze Beine, und deshalb wurde sie Kückelikurzbein genannt; sie legte gut Eier, und die Frau hatte sie lieb wie ihr eigenes Kind. Am Morgen bemerkte man das fremde Entlein gleich; und der Kater begann zu schnurren und die Henne zu glucken. »Was ist das?« sagte die Frau und schaute sich nach allen Seiten um; aber sie sah nicht gut, und deshalb glaubte sie, das Entlein sei eine fette Ente, die sich verirrt hatte. »Das ist ja ein angenehmer Fang!« sagte sie.« Jetzt kann ich Enteneier bekommen. Wenn es nur kein Enterich ist! Das müssen wir ausprobieren!«

Und so wurde das Entlein drei Wochen auf Probe angenommen; aber es kamen keine Eier. Und der Kater war Herr im Hause, und die Henne war Madame, und sie sagte immer: »Wir und die Welt!« Denn sie glaubten, sie seien die Hälfte von ihr, und zwar der allerbeste Teil. Das Entlein fand, man könne wohl auch anderer Meinung sein; aber das duldete die Henne nicht. »Kannst du Eier legen?« fragte sie. »Nein!« »Dann halte gefälligst deinen Mund!«

Und der Kater sagte: »Kannst du einen Buckel machen, schnurren und knistern?« »Nein!« »Dann darfst du auch keine Meinung haben, wenn vernünftige Leute reden!« Und das Entlein saß in der Ecke und war schlechter Laune, da musste es an die frische Luft und an den Sonnenschein denken; es bekam so seltsame Lust, auf dem Wasser zu schwimmen. Zuletzt konnte das Entlein nicht anders, es musste der Henne davon berichten.

»Was fällt dir ein!« fragte die. »Du hast nichts zu tun, deshalb sticht dich der Hafer! Lege Eier oder schnurre, dann geht es vorüber!« »Aber es ist so schön, auf dem Wasser zu schwimmen,« sagte das Entlein; »So schön, wenn es über dem Kopf zusammenschlägt und man auf den Grund hinabtaucht!« »Ja, das ist sicher ein großes Vergnügen!« sagte die Henne. »Du bist anscheinend verrückt geworden! Frage den Kater, er ist der Klügste, den ich kenne; frage ihn, ob er etwas davon hält, auf dem Wasser zu schwimmen oder unterzutauchen! Von mir will ich gar nicht sprechen. Frage selbst unsere Herrschaft,

die alte Frau; klüger als sie ist niemand auf der Welt! Glaubst du, sie hat Lust zu schwimmen und sich das Wasser über dem Kopfe zusammenschlagen zu lassen?«

»Ihr versteht mich nicht!« sagte das Entlein. »Ja, verstehen wir dich nicht, wer sollte dich dann verstehen! Du willst doch wohl nicht klüger sein als der Kater und die Frau, von mir gar nicht zu reden! Zier dich nicht so, Kind! Danke du lieber deinem Schöpfer für all das Gute, das man für dich getan hat! Bist du nicht in eine warme Stube gekommen und hast einen Umgang, von dem du etwas lernen kannst? Aber du bist ein Dummkopf, und es macht keinen Spaß, mit dir zu verkehren! Mir darfst du glauben! Ich meine es gut mit dir, ich sagte dir Unannehmlichkeiten, und daran soll man seine wahren Freunde erkennen! Sieh nur zu, dass du Eier legst oder schnurren und knistern lernst!«

»Ich glaube, ich will hinaus in die weite Welt gehen!« »Ja, tu das nur!« sagte die Henne.

Und dann ging das Entlein; es schwamm auf dem Wasser, es tauchte unter, aber alle Tiere übersahen es seiner Hässlichkeit wegen.

Nun brach der Herbst an; die Blätter im Wald wurden gelb und braun; der Wind erfasste sie, so dass sie umhertanzten; und oben in der Luft sah es kalt aus; die Wolken waren von Hagel und Schneeflocken schwer; und auf dem Zaun stand der Rabe und schrie: »Au! Au!« vor lauter Kälte. Ja, man konnte ordentlich frieren, wenn man bloß daran dachte; das arme Entlein hatte es wahrlich nicht gut. Eines Abends, die Sonne ging so prächtig unter, kam ein ganzer Schwarm schöner, großer Vögel aus dem Gebüsch. Das Entlein hatte noch nie so schöne Vögel gesehen. Sie waren ganz schimmernd weiß mit langen, geschmeidigen Hälsen. Es waren Schwäne. Sie stießen einen sonderbaren Laut aus, breiteten ihre prächtigen, langen Flügel aus und flogen von den kalten Gegenden fort nach wärmeren Ländern, zu offenen Seen. Sie stiegen so hoch, so hoch, dass dem hässlichen kleinen Entlein ganz wunderlich zumute wurde. Es drehte sich im Wasser herum wie ein Rad, reckte den Hals hoch in die Luft und stieß einen so lauten und seltsamen Schrei aus, dass ihm selbst dabei bange wurde. Oh, es konnte die schönen Vögel, die glücklichen Vögel, nicht vergessen; und sobald das Entlein sie nicht mehr erblickte, tauchte es bis auf den Grund hinab, und als es wieder heraufkam, war es wie außer sich. Es wusste nicht, wie die Vögel hießen, nicht wo sie hinflogen; aber doch liebte es sie, wie es noch nie jemand geliebt hatte. Es beneidete die Vögel gar nicht, wie sollte es ihm einfallen, sich eine derartige Schönheit zu wünschen; es wäre froh gewesen, wenn doch wenigstens die Enten es unter sich geduldet hätten, das arme, hässliche Tier.

Und der Winter wurde so kalt, so kalt! Das Entlein musste im Wasser umherschwimmen, damit die Oberfläche nicht ganz zufror, aber jede Nacht wurde das Loch, in dem es schwamm, schmaler, schmaler und schmaler. Es fror, so dass es in der Eisdecke krachte. Das Entlein musste ständig die Beine gebrauchen, damit sich das Wasser nicht schließen konnte. Zuletzt ließen seine Kräfte nach, es lag ganz still und fror dann im Eis fest.

Früh am Morgen kam ein Bauer; er sah das Entlein, ging hinaus und schlug das Eis mit seinem Holzschuh in Stücke und trug das Tier heim zu seiner Frau. Da kam es wieder richtig zu sich.

Die Kinder spielten mit ihm; aber das Entlein glaubte, dass sie ihm etwas zu Leide tun wollten, und fuhr vor Schrecken gerade in die Milchschüssel hinein, so dass die Milch in die Stube überschwappte. Die Frau zeterte und schlug die Hände über dem Kopf zusammen, und da flog das Entlein in den Trog, wo die Butter war, und dann hinunter in das Mehlfass und wieder hinauf. Hu! Wie es sich dabei zurichtete! Die Frau schrie und schlug mit der Feuerzange nach ihm, und die Kinder rannten einander über den Haufen, um das Entlein zu fangen; und sie lachten und schrien. Ein Glück nur, dass die Tür offenstand; da stürzte es eilends hinaus zwischen die Büsche in den frisch gefallenen Schnee, und dort lag es wie erstarrt.

Aber es würde allzu traurig werden, von der Not und dem Elend zu erzählen, die das Entlein in dem harten Winter durchmachen musste.

Als die Sonne wieder warm zu scheinen begann, lag es im Moor zwischen dem Schilfrohr. Die Lerchen sangen; es war herrlicher Frühling.

Da hob es auf einmal seine Flügel; sie brausten stärker als früher und trugen es schneller davon; und ehe es sich versah, war es in einem großen Garten, wo die Äpfelbäume in Blüte standen, wo der Flieder duftete und an den langen, grünen Zweigen bis zu den gewundenen Kanälen herunterhing. Oh, hier war es so schön, so frühlingsfrisch! Und dort, aus dem Dickicht heraus, kamen drei schöne, weiße Schwäne. Sie brausten mit den Federn und schwammen so leicht auf dem Wasser. Das Entlein kannte die prächtigen Tiere und wurde von einer seltsamen Wehmut ergriffen.

»Ich will zu ihnen hinfliegen, den königlichen Vögeln! Und sie werden mich mit ihren Schnäbeln tothacken, weil ich, der ich so hässlich bin, mich ihnen zu nähern wage. Aber das ist einerlei! Besser von ihnen getötet zu werden, als sich von den Enten schnappen, von den Hühnern hacken, vom Mädchen, das den Hühnerhof besorgt, mit Füßen treten zu lassen und im Winter Böses zu erleiden!« Und das Entlein flog ins Wasser hinaus und schwamm zu den prächtigen Schwänen hin. Diese sahen es und kamen mit brausenden Federn angeschossen.

»Tötet mich nur!« sagte das arme Tier und beugte seinen Kopf zur Wasserfläche hinab und erwartete den Tod.

Doch was sah es in dem klaren Wasser? Es sah unter sich sein eigenes Bild; aber es war kein plumper schwarzgrauer Vogel mehr, hässlich und garstig, es war selbst ein Schwan.

Es macht nichts, im Entenhof geboren zu sein, wenn man nur in einem Schwanenei gelegen hat! Es fühlte sich ordentlich froh über all die Not und die Widerwärtigkeiten, die es erfahren hatte. Jetzt erst schätzte es sein Glück, die Schönheit, von der es begrüßt wurde. Und die großen Schwäne umschwammen es und streichelten es mit ihren Schnäbeln.

Einige kleine Kinder kamen in den Garten, sie warfen Brot und Korn ins Wasser hinaus; und das kleinste rief: »Da ist ein neuer!« Und die anderen Kinder jubelten mit: »Ja, es ist ein neuer gekommen!« Und sie klatschten in die Hände und tanzten umher, holten Vater und Mutter herbei, und es wurde Brot und Kuchen ins Wasser geworfen, und alle sagten sie: »Der neue ist der schönste, so jung und so prächtig!« Und die alten Schwäne verneigten sich vor ihm.

Da fühlte er sich ganz beschämt und steckte den Kopf unter die Flügel; er wusste selbst nicht, wie ihm war. Er war überglücklich, aber gar nicht stolz, denn ein gutes Herz wird nie stolz.

Er dachte daran, wie er verfolgt und verhöhnt worden war, und hörte nun alle sagen, dass er der schönste von allen schönen Vögeln sei. Und der Flieder beugte seine Zweige zu ihm in das Wasser hinunter, und die Sonne schien so warm und so gut. Da brausten seine Federn, der schlanke Hals hob sich, und er jubelte aus vollem Herzen: »Soviel Glück habe ich mir nicht träumen lassen, als ich das hässliche Entlein war!«

Täglich zu singen

Ich danke Gott, und freue mich
Wie's Kind zur Weihnachtsgabe,
Dass ich bin, bin! Und dass ich dich,
Schön menschlich Antlitz! habe;

Dass ich die Sonne, Berg und Meer,
Und Laub und Gras kann sehen,
Und abends unterm Sternenheer
Und lieben Monde gehen;

Und dass mir denn zumute ist,
Als wenn wir Kinder kamen,
Und sahen, was der heil'ge Christ
Bescheret hatte, Amen!

Ich danke Gott mit Saitenspiel,
Dass ich kein König worden;
Ich wär geschmeichelt worden viel,
Und wär vielleicht verdorben.

Auch bet ich ihn von Herzen an,
Dass ich auf dieser Erde
Nicht bin ein großer reicher Mann,
Und auch wohl keiner werde.

Matthias Claudius

Denn Ehr und Reichtum treibt und bläht,
Hat mancherlei Gefahren,
Und vielen hat's das Herz verdreht,
Die weiland wacker waren.

Und all das Geld und all das Gut
Gewährt zwar viele Sachen;
Gesundheit, Schlaf und guten Mut
Kann's aber doch nicht machen.

Und die sind doch, bei Ja und Nein!
Ein rechter Lohn und Segen!
Drum will ich mich nicht groß kastei'n
Des vielen Geldes wegen.
Gott gebe mir nur jeden Tag,
Soviel ich darf zum Leben.
Er gibt's dem Sperling auf dem Dach;
Wie sollt ers mir nicht geben!

Matthias Claudius

SELTSAMER SPAZIERRITT

Ein Mann reitet auf seinem Esel nach Haus und lässt seinen Buben zu Fuß nebenher laufen.

Kommt ein Wanderer und sagt: »Das ist nicht recht, Vater, dass Ihr reitet und lasst Euern Sohn laufen; Ihr habt stärkere Glieder.« Da stieg der Vater vom Esel herab und ließ den Sohn reiten.

Kommt wieder ein Wandersmann und sagt: »Das ist nicht recht, Bursche, dass Du reitest und lässt deinen Vater zu Fuß gehen. Du hast jüngere Beine.« Da saßen beide auf und ritten eine Strecke.

Kommt ein dritter Wandersmann und sagt: »Was ist das für ein Unverstand; zwei Kerle auf einem schwachen Tier; sollte man nicht einen Stock nehmen und euch beide hinab jagen?«

Da stiegen beide ab und gingen zu dritt zu Fuß, rechts und links der Vater und Sohn, und in der Mitte der Esel.

Kommt ein vierter Wandersmann und sagt: »Ihr seid drei kuriose Gesellen. Ist's nicht genug, wenn zwei zu Fuß gehen? Geht's nicht leichter, wenn einer von euch reitet?«

Da band der Vater dem Esel die vorderen Beine zusammen, und der Sohn band ihm die hinteren Beine zusammen, zogen einen starken Baumpfahl durch, der an der Straße stand, und trugen den Esel auf der Achsel heim.

So weit kann's kommen, wenn man es allen Leuten will recht machen.

ACH, WENN SIE NUR HERZEN HÄTTEN

Schwarze Röcke, seidne Strümpfe,
Weiße, höfliche Manschetten,
Sanfte Reden, Embrassieren –
Ach, wenn sie nur Herzen hätten!

Herzen in der Brust, und Liebe,
Warme Liebe in dem Herzen –
Ach, mich tötet ihr Gesinge
Von erlognen Liebesschmerzen.

Auf die Berge will ich steigen,
Wo die frommen Hütten stehen,
Wo die Brust sich frei erschließet
Und die freien Lüfte wehen.

Auf die Berge will ich steigen,
Wo die dunkeln Tannen ragen,
Bäche rauschen, Vögel singen,
Und die stolzen Wolken jagen.

Lebet wohl, ihr glatten Säle!
Glatte Herren, glatte Frauen!
Auf die Berge will ich steigen,
Lachend auf euch niederschauen.

Heinrich Heine

DAS BUCKLIGE MÄNNLEIN

Will ich in mein Gärtlein gehen,
Will mein Zwiebeln gießen;
Steht ein bucklicht Männlein da,
Fängt es an zu nießen.

Will ich in mein Küchel gehen,
Will mein Süpplein kochen;
Steht ein bucklicht Männlein da,
Hat mein Töpflein brochen.

Will ich in mein Stüblein gehen,
Will mein Müßlein essen;
Steht ein bucklicht Männlein da,
Hats schon halb gegessen.

Will ich auf mein Boden gehen,
Will mein Hölzlein holen;
Steht ein bucklicht Männlein da,
Hat mirs halber g'stohlen.

Achim von Arnim, Clemens Brentano

Will ich in mein Keller gehen,
Will mein Weinlein zapfen;
Steht ein bucklicht Männlein da,
Tut mir'n Krug wegschnappen.

Setz ich mich ans Rädlein hin,
Will mein Fädlein drehen;
Steht ein bucklicht Männlein da,
Lässt mir's Rad nicht gehen.

Geh ich in mein Kämmerlein,
Will mein Bettlein machen;
Steht ein bucklicht Männlein da,
Fängt es an zu lachen.

Wenn ich an mein Bänklein knie,
Will ein bisschen beten;
Steht ein bucklicht Männlein da,
Fängt es an zu reden.

Liebes Kindlein, ach ich bitt,
Bet' für's bucklicht Männlein mit!

Achim von Arnim, Clemens Brentano   Aus: Des Knaben Wunderhorn

LEBEN DES VERGNÜGTEN SCHULMEISTERLEIN MARIA WUTZ

...In den alten Klöstern war die Gelehrsamkeit Strafe; nur Schuldige mussten da lateinische Psalmen auswendig lernen oder Autoren abschreiben: - in guten armen Schulen wird dieses Strafen nicht vernachlässigt, und sparsamer Unterricht wird da stets als ein unschuldiges Mittel angeordnet, den armen Schüler damit zu züchtigen und zu demütigen...

Bloß dem Schulmeisterlein hatte diese Kreuzschule wenig an: Den ganzen Tag freute er sich auf oder über etwas. »Vor dem Aufstehen«, sagt er, »freu ich mich auf das Frühstück, den ganzen Vormittag aufs Mittagessen, zur Vesperzeit aufs Vesperbrot und Abends aufs Nachtbrot – und so hat der Zögling Wutz stets etwas, auf das er hoffen konnte.« Trank er tief, so sagt er: »Das hat meinem Wutz geschmeckt« und strich sich den Magen. Nieste er, so sagte er: »Helf Gott, Wutz!« –Im fieberfrostigen Novemberwetter tröstete er sich auf der Gasse mit der Vorstellung des warmen Ofens und mit der närrischen Freude, dass er eine Hand um die andre unter seinem Mantel wie zu Hause stecken hatte.
War der Tag gar zu toll und windig – es gibt für uns Wichte solche Hatztage, wo die ganze Erde ein Hatzhaus ist und wo die Plagen wie spaßhaft gehende Wasserkünste uns bei jedem Schritt anspritzen und einfeuchten –, so war das Meisterlein so pfiffig, dass es sich unter das Wetter hinsetzte und sich nichts darum scherte; es war nicht Ergebung, die das unvermeidliche Übel aufnimmt, nicht Abhärtung, die das Ungefühlte trägt, nicht Philosophie, die das verdünnte verdaut, oder Religion, die das Belohnte verwindet: sondern der Gedanke an das warme Bett wars.

»Abends«, dacht er, »lieg ich auf alle Fälle, sie mögen mich den ganzen Tag zwicken und hetzen, wie sie wollen, unter meiner warmen Zudeck und drücke die Nase ruhig ans Kopfkissen, acht Stunden lang.« Und kroch er endlich in der letzten Stunde eines solchen Leidentages unter sein Oberbett: So schüttelte er sich darin, kuschelte sich mit den Knien bis an den Nabel zusammen und sagte zu sich: »Siehst du, Wutz, es ist doch vorbei.«

Die Jugendjahre aus der Erzählung »Leben des vergnügten Schulmeisterleins Maria Wutz«

DAS MÄDCHEN AUS DER FREMDE

In einem Tal bei armen Hirten
Erschien mit jedem jungen Jahr,
Sobald die ersten Lerchen schwirrten,
Ein Mädchen, schön und wunderbar.

Sie war nicht in dem Tal geboren,
Man wusste nicht, woher sie kam,
Und schnell war ihre Spur verloren,
Sobald das Mädchen Abschied nahm.

Beseligend war ihre Nähe,
Und alle Herzen wurden weit,
Doch eine Würde, eine Höhe
Entfernte die Vertraulichkeit.

Sie brachte Blumen mit und Früchte,
Gereift auf einer andern Flur,
In einem andern Sonnenlichte,
In einer glücklichern Natur.

Und teilte jedem eine Gabe,
Dem Früchte, jenem Blumen aus,
Der Jüngling und der Greis am Stabe,
Ein jeder ging beschenkt nach Haus.

Willkommen waren alle Gäste,
Doch nahte sich ein liebend Paar,
Dem reichte sie der Gaben beste,
Der Blumen allerschönste dar.

Friedrich Schiller

AUTOREN

Achim von Arnim (1781 – 1831) und **Clemens Brentano** (1778 – 1842) veröffentlichten zwischen 1805 und 1807 mit »Des Knaben Wunderhorn« die erste umfassende Sammlung deutscher lyrischer Volksdichtung. Neben echten Volksliedern umfasst die Sammlung viele alte und für die Zeit neue Gedichte in volkstümlicher und einfacher Sprache. Goethe, dem die drei Bände gewidmet sind, meinte: »Das Wunderhorn habe seinen Platz von Rechts wegen in jedem Hause, wo frische Menschen wohnen.«

Hans Christian Andersen (1805 – 1875) Sein Beitrag zur Weltliteratur sind die »Märchen«. Theodor Fontane setzte das Buch bereits 1889 auf seine Liste der »besten Bücher«. Auch das ist ein Hinweis, dass diese einfühlsam-didaktischen Texte immer schon mehr waren als nur Geschichten für Kinder und ihre Erziehung. Die raffiniert naive Märchenwelt des dänischen Erzählers bleibt lebenslänglich und für alle Lebensalter geöffnet. Und Andersens Hauptthema, die unverdiente Kränkung, ist immer noch ein Stoff, über den es lohnt, nachzudenken.

Matthias Claudius (1740 – 1815) arbeitete als Schriftsteller und Bankrevisor im damaligen Hamburger Vorort Wandsbek. Dort gab er den Wandsbecker Boten, eine wöchentlich viermal erscheinende Zeitung heraus, in der er seine Gedichte veröffentlichte. Das Feuilleton dieser Zeitung ist in die deutschen Literatur eingegangen, Matthias Claudius wurde zu einem der herausragenden Autoren der Literaturepoche der »Empfindsamkeit«.

Joseph Freiherr von Eichendorff (1788 – 1857) Der Romantiker schlechthin. Seine Gedichte handeln von alten Burgen und Schlössern, Einsiedlern und Rittern. Es geht um die Liebe, die Religion, die Natur, das Wandern. Viele seiner Gedichte wie »Wem Gott will rechte Gunst erweisen« oder »In einem kühlen Grunde« sind vertont worden und gehören heute zum festen Bestandteil vieler Sammlungen von Kinderliedern.

Johann Wolfgang von Goethe (1749 – 1832) prägte und beeinflusste wie kaum ein anderer die deutsche Literatur. Mit seinen Liedern entwickelte er einen neuen, in der deutschen Sprache bisher nicht gekannten lyrischen Stil. Mit seinem ersten Roman »Die Leiden des jungen Werthers« begründete er seinen Weltruhm. Gemeinsam mit Schiller schuf er sowohl in theoretischen Schriften als auch mit seinen Balladen, Gedichten und Dramen einen Stil, der als »Weimaer Klassik« Epochenbezeichnung der deutschen Literaturgeschichte wurde.

Johann Peter Hebel (1760 – 1826) schrieb sich mit dem »Schatzkästlein des rheinischen Hausfreundes« in die Ruhmeshalle der deutschen Literatur. Die Textsammlung, zwischen 1806 und 1815 als Bauernkalender erstmals herausgegeben, beinhaltet volkstümliche Geschichten voll schlichter Frömmigkeit, leisem Humor und unaufdringlicher moralischer Lehre.

Heinrich Heine (1797 – 1856) Mit seinen
»Reisebildern«, die er in den Jahren 1826/27 und
1830/31 veröffentlichte, schaffte Heinrich Heine
den Durchbruch als Schriftsteller. Mit ihrem neu-
artigen Wechsel zwischen witzig-beschreibender
Prosa und lyrischen Einlagen und ihrem elegant
plaudernden Stil erzielte Heine Auflagen, die ihm
fortan ein Leben als Erzähler und Dichter ermög-
lichten. Die Gedichte aus den Reisebildern ergänz-
te er um einige neue und veröffentlichte sie dann
nochmals im »Buch der Lieder«, einer der auch im
Ausland erfolgreichsten Gedichtsammlungen der
deutschen Literatur.

Gotthold Ephraim Lessing (1729 – 1781) war
einer der herausragenden Vertreter der Ideale der
Aufklärung. In seinen Texten setzte er sich ein für
Vernunft, Freiheit und Menschlichkeit und wandte
sich gegen Vorurteile, kirchliche Bevormundung
und Fürstenwillkür. Mit »Miss Sara Sampson«
schrieb er das erste deutsche bürgerliche Trauer-
spiel. Bedeutsam sind seine Fabeln, insbesondere
auch wegen seiner Anmerkungen zur Fabeltheorie.
Mit der »Hamburgischen Dramaturgie« schuf er
eine eigenständige deutsche Theatertheorie, die er
in dem Drama »Emilia Galotti« und dem dramati-
schen Gedicht »Nathan, der Weise« umsetzte.

Jean Paul (1763 – 1825) Zeitgenosse von Goethe und Schiller, die ihm allerdings reserviert begegneten. Er hatte eine entbehrungsreiche Jugend und schlug sich später als Hauslehrer und Leiter einer Privatschule durch. In seinen Erzählungen und Romanen kommt er immer wieder auf seine eigentlichen Themen zurück: die kleinbürgerliche Welt in ihrer Beschränktheit und die Bildungsideale der Weimaer Klassik. Wenngleich sein Publikumserfolg auch nie sehr groß war, Schriftsteller und Dichter haben ihn immer gelesen. Und heute ist sich die literarische Welt einig: Jean Paul gehört zu den ganz Großen.

Friedrich Schiller (1759 – 1805) begründete gemeinsam mit Goethe die »Weimaer Klassik«. In seinen Dramen verfocht er leidenschaftlich die Idee der Freiheit, seine Gedichte beschreiben die Menschen in einer idealen Wertewelt. Bei der Bearbeitung historischer Stoffe interessierten ihn die Großen der Geschichte mit ihren Machtspielen genauso wie die Befreiergestalten aus dem Volk. Und immer ging es ihm um Freiheit, um Notwendigkeit und um die Rechtmäßigkeit des Handelns.